LUKAS GROSSMANN

FIX gerollt Sushi FÜR ALLE

Eine runde Sache
SUSHI FÜR JEDEN TAG

Sushi ist ein echter Klassiker der japanischen Küche und hat längst seinen Siegeszug um die ganze Welt angetreten. Die filigran geformten Röllchen kommen superfrisch auf den Tisch, sind optisch ein Hingucker und obendrein gesunder Genuss.

Zugegeben, ein bisschen Übung braucht es, bis die Sushirollen zu Hause in etwa so gelingen wie im Restaurant: Nicht umsonst dauert die Ausbildung zum Sushi-Meister in Japan bis zu zehn Jahre. Solch hohe Perfektion ist zum Glück ja auch gar nicht nötig, um die kleinen Köstlichkeiten in der eigenen Küche herzustellen. Hauptsache, das Ergebnis schmeckt!

Die Rezepte in diesem Buch wollen deshalb vor allem Lust auf selbst gemachtes Sushi machen, die Grundtechniken zeigen und genug Platz lassen für die eigene Kreativität. Übrigens: Der Sushireis kann gut im Voraus zubereitet werden (siehe Klappe vorn), dann geht der Rest ganz fix. Viel Spaß beim Rollen!

An die Häppchen, fertig, los!

„EINFACH UMBLÄTTERN!"

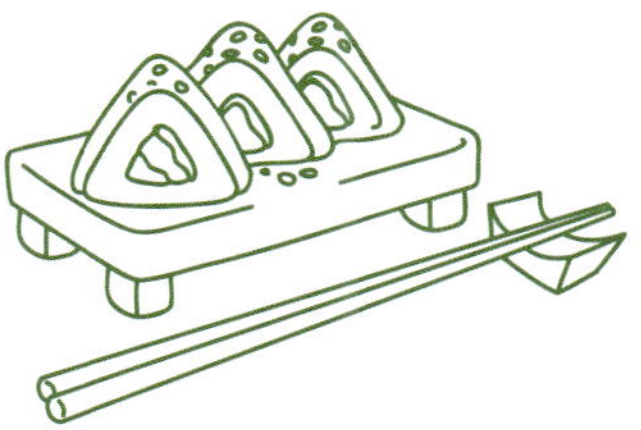

Das japanische Wort „Sushi" bedeutet so viel wie „sauer". Ursprünglich war Sushi nämlich in Japan eine Möglichkeit, rohen Fisch auf saurem Reis zu fermentieren – den Reis hat man einfach entsorgt. Erst seit etwa 150 Jahren ist er ein fester Bestandteil von Sushi, denn von da an wanderten die festen Röllchen als japanisches Streetfood direkt von der Hand in den Mund.

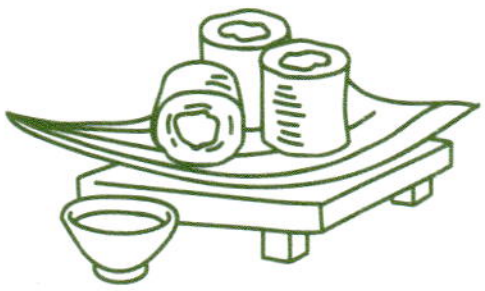

Fernöstliches Kultgericht

SUSHI IM RESTAURANT

Mittlerweile ist Sushi ein beliebtes Gericht in Restaurants jeder Preiskategorie. In den unterschiedlichsten Formen und mit variantenreichen Füllungen wird es gern in kleinen Lokalen oder in sogenannten Running-Sushi-Restaurants per Fließband angeboten. Wer in Japan etwas exklusiver essen geht und Sushi bestellt, bekommt im Allgemeinen Nigiri serviert, kleine Reisportionen mit speziell geschnittenen rohen Fischfilets: Da steht der reine Fischgenuss im Vordergrund.

FRISCH MUSS SEIN

Apropos Fisch: Das A und O bei der Zubereitung von Sushi ist absolut frischer und qualitativ hochwertiger Fisch – am besten natürlich bio. Nur so besteht kein gesundheitliches Risiko und der Geschmack ist so köstlich, wie er sein soll. Weil Fisch in dieser Qualität hierzulande nicht immer zu bekommen ist, stehen auch Varianten mit Geflügel und Gemüse hoch im Kurs.

GANZ WIE ES BELIEBT

Egal ob Fisch- oder Fleischliebhaber, Vegetarier oder Veganer: Sushi bietet für jede Vorliebe und jeden Geschmack genau das Richtige. Weil alle Zutaten frisch sind und erst kurz vor dem Verzehr vorbereitet werden können, ist man je nach Menge schon mal ein bisschen länger beschäftigt – deshalb macht das Sushirollen vor allem in Gesellschaft Spaß und ist eine super Idee für das nächste gemeinsame Kochevent.

MIT ODER OHNE?

In Japan ist Sushi klassisches Fingerfood und wird auch mit den Händen gegessen. Wer lieber zu Stäbchen greift, sollte die Technik beherrschen (siehe rechts). Ein No-Go: Sushi mit der Gabel essen!

Die meisten Stäbchen sind aus Bambus.
Es gibt aber auch Stäbchen aus unterschiedlichen Holzarten, Kunststoff oder aus Edelstahl.

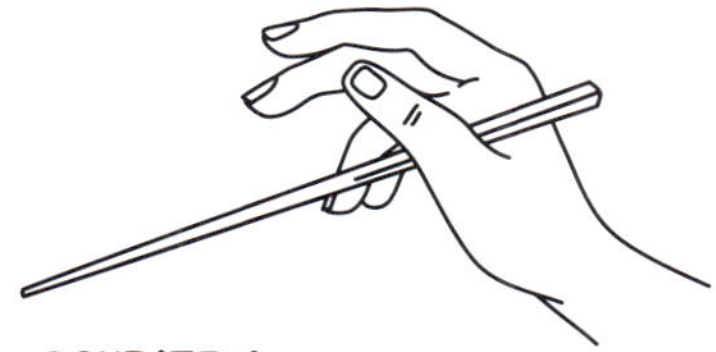

SCHRITT 1

Das erste Stäbchen zwischen Daumen und Zeigefinger legen. Die Stäbchenmitte liegt auf dem Ringfinger.
Das Stäbchen wird nicht bewegt.

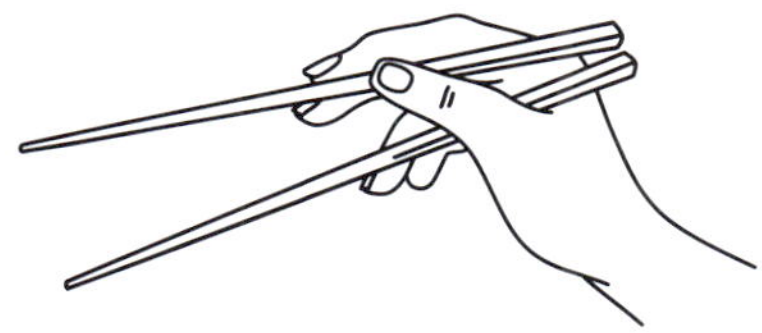

SCHRITT 2

Der Daumen hält das zweite (obere) Stäbchen am Zeige- und Mittelfinger fest.

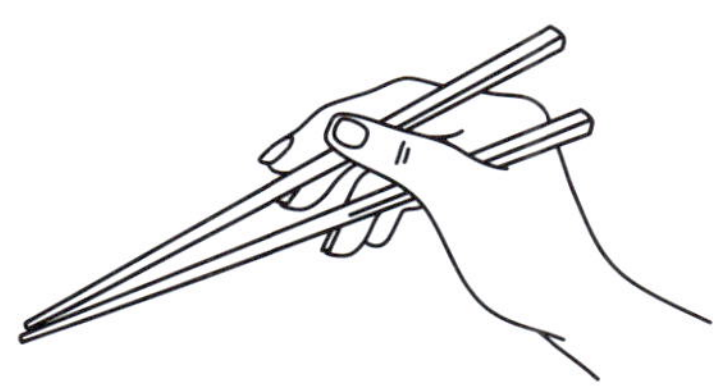

SCHRITT 3

Durch die Bewegung des Zeige- und Mittelfingers bewegt sich das obere Stäbchen.

Kleine japanische Warenkunde

Neben den frischen Zutaten sind einige speziell japanische Zutaten unerlässlich, um klassischem Sushi seinen typischen Geschmack zu verleihen. Sie sind im Asialaden oder mittlerweile auch in vielen gut sortierten Supermärkten erhältlich und natürlich online zu beziehen.

DASHI, Fischbrühe aus Algen und getrockneten Bonito-Flocken, ist eine typische und oft verwendete Zutat in der japanischen Küche.

EINGELEGTER INGWER heißt in Japan „Gari" und begleitet dort beinahe jede Mahlzeit. Auch zu Sushi gehört er deshalb auf den Tisch. Seine gesunden Inhaltsstoffe machen das Essen besonders bekömmlich, außerdem neutralisiert Ingwer den Geschmack nach jedem Sushiröllchen.

JAPANISCHE MAYONNAISE enthält keinen Zucker und ist mit Reisessig gewürzt. Die bekannteste Marke aus Japan ist Kewpie-Mayonnaise.

KIMCHI heißt durch Milchsäure vergorenes Gemüse. Diese Zubereitungsart stammt eigentlich aus Korea, doch in Japan isst man gerne fermentierten Chinakohl dieses Namens.

MIRIN ist ein japanischer Kochwein mit süßlichem Aroma. Er verleiht vielen japanischen Speisen ihren charakteristischen Geschmack. Der enthaltene Zucker sorgt außerdem beim Sushireis für die nötige Klebrigkeit.

NORIBLÄTTER sind getrocknete Algen, die dem Sushi ihren charakteristischen Geschmack verleihen. Norialgen finden darüber hinaus in vielen japanischen Gerichten Verwendung und sorgen für das erdverbundene Umami, den fünften Geschmack.

REISESSIG wird aus vergorenem Reis gewonnen. Er sollte nicht zu sauer sein, also einen Säuregehalt von 4,5 % nicht überschreiten.

SOJASAUCE besteht aus fermentierten Sojabohnen und Weizen. Es gibt sie in unterschiedlicher Qualität und dementsprechend zu unterschiedlichen Preisen. Inzwischen werden spezielle Sojasaucen für Sushi angeboten, die sich durch ihren geringen Salzgehalt auszeichnen.

SUSHIREIS: siehe vordere Umschlagklappe.

WASABI aus echtem japanischem Wassermeerrettich ist in Deutschland so gut wie nicht zu bekommen. Hiesige Wasabiprodukte enthalten ihn nur in Spuren und sind in Pulverform oder als Paste erhältlich. Leider kommen sie an das fruchtige, milde Aroma des „echten" Wasabi nicht ganz heran.

SOJASAUCE
REISESSIG
MIRIN
穀物酢
新味料
みりん風調味料
400ml
SUSHIREIS
EINGELEGTER INGWER
WASABI
NORIBLÄTTER

Maki Sushi

DER KLASSIKER UNTER DEN ROLLEN

Maki mit Garnelen und Gurke

FÜR 4 ROLLEN À 6–8 STÜCK
½ BIO-SALATGURKE
8 GARNELEN (OHNE KOPF, MIT SCHALE; TIEFGEKÜHLT)
2 EL SCHWARZE UND WEIẞE SESAMSAMEN
4 NORIBLÄTTER
1 GRUNDREZEPT SUSHIREIS (SIEHE KLAPPE VORN)
2 TL WASABIPASTE
1 EL GERÖSTETES SESAMÖL

ZUBEREITUNGSZEIT: CA. 20 MINUTEN
KÜHLZEIT: CA. 10 MINUTEN

1 Die Gurke waschen, längs halbieren und die Kerne mit einem Teelöffel entfernen. Eine Gurkenhälfte in etwa 20 cm lange Streifen schneiden (andere Hälfte anderweitig verwenden). Die Garnelen in kochendem Wasser 1 Minute garen, in ein Sieb abgießen und kalt abschrecken. Die Garnelen schälen, am Rücken entlang (nicht zu tief) einschneiden und den Darm entfernen, Garnelen waschen und trocken tupfen, dann längs halbieren. Sesam in einer Pfanne ohne Fett anrösten.

2 Ein Noriblatt mit der glatten Seite nach unten auf eine ausgerollte Sushimatte legen. Etwas Reis mit angefeuchteten Händen und einem angefeuchteten Bambuslöffel dünn auf dem Noriblatt verteilen. Dabei unten einen etwa 2 cm schmalen Rand, oben einen etwa 4 cm breiten Rand frei lassen (Bild 1). 1 Gurkenstreifen und 4 Garnelenhälften mittig in einem schmalen Streifen auf dem Reis verteilen. Etwas Wasabi daraufstreichen, 1 EL Sesam darüberstreuen und mit etwas Sesamöl beträufeln (Bild 2).

3 Das Noriblatt mithilfe der Matte von unten nach oben fest aufrollen, dabei die Füllung mit den Fingern an den Seiten sanft hineindrücken. Den oberen Rand des Noriblatts anfeuchten und die Sushirolle mit leichtem Druck zu Ende rollen (Bild 3).

4 Die Sushimatte abnehmen und die Sushirolle mit einem scharfen Messer in etwa 3 cm breite Stücke schneiden (Bild 4). Auf diese Weise alle Zutaten zu 3 weiteren Rollen verarbeiten.

TIPP: Die fertigen Rollen am besten vor dem Schneiden in Frischhaltefolie gewickelt kurz kühl stellen. Dadurch werden sie etwas fester und lassen sich besser teilen.

1

2

3

4

Wildlachs-Maki
MIT ROTE-BETE-GRÜN UND MEERRETTICH

FÜR 4 ROLLEN À 6–8 STÜCK
150 G ROTE-BETE-BLÄTTER (MIT STIELEN)
1 MÖHRE
½ BIO-SALATGURKE
1 AVOCADO
250 G WILDLACHSFILET (SASHIMI-QUALITÄT)
4 NORIBLÄTTER
1 GRUNDREZEPT SUSHIREIS (SIEHE KLAPPE VORN)
4 TL SAHNEMEERRETTICH (AUS DEM GLAS)

1 Die Rote-Bete-Blätter verlesen, waschen und trocken schleudern, harte Stiele entfernen. Die Möhre putzen und schälen, die Gurke schälen, längs halbieren und die Kerne mit einem Teelöffel entfernen. Beides in lange Streifen schneiden. Die Avocado halbieren und den Stein entfernen. Die Avocadohälften schälen und das Fruchtfleisch in lange Streifen schneiden. Lachsfilet waschen, trocken tupfen und längs in dünne Streifen schneiden.

2 Ein Noriblatt mit der glatten Seite nach unten auf eine ausgerollte Sushimatte legen. Etwas Reis mit angefeuchteten Händen und einem angefeuchteten Bambuslöffel dünn auf dem Noriblatt verteilen. Dabei unten einen etwa 2 cm schmalen Rand, oben einen etwa 4 cm breiten Rand frei lassen (vgl. S. 11). Den Reis mit 1 TL Meerrettich bestreichen. Ein Viertel der Gemüse- und Lachsstreifen mittig in einem schmalen Streifen auf den Reis legen und die Rote-Bete-Blätter darauf verteilen.

3 Das Noriblatt mithilfe der Sushimatte von unten nach oben fest aufrollen, dabei die Füllung mit den Fingern an den Seiten sanft hineindrücken. Den oberen Rand des Noriblatts anfeuchten und die Sushirolle mit leichtem Druck zu Ende rollen. Die Sushimatte abnehmen und die fertige Rolle in Frischhaltefolie gewickelt kurz kühl stellen.

4 Auf diese Weise alle Zutaten zu 3 weiteren Rollen verarbeiten. Kurz vor dem Servieren mit einem scharfen Messer in etwa 3 cm breite Stücke schneiden.

ZUBEREITUNGSZEIT: CA. 15 MINUTEN
KÜHLZEIT: CA. 10 MINUTEN

Bacon-Lettuce-Avocado-Maki

FÜR 4 ROLLEN À 6–8 STÜCK
200 G BACON (FRÜHSTÜCKSSPECK; IN SCHEIBEN)
1 AVOCADO
1 ROMANASALATHERZ
4 NORIBLÄTTER
1 GRUNDREZEPT SUSHIREIS (SIEHE KLAPPE VORN)

1 Den Speck in einer beschichteten Pfanne ohne Fett bei mittlerer Hitze knusprig braten und auf Küchenpapier abtropfen lassen.

2 Die Avocado halbieren und den Stein entfernen. Die Avocadohälften schälen und das Fruchtfleisch längs in dünne Scheiben schneiden. Den Salat in die einzelnen Blätter teilen, waschen und trocken schleudern. Die Salatblätter in feine Streifen schneiden.

3 Ein Noriblatt mit der glatten Seite nach unten auf eine ausgerollte Sushimatte legen. Etwas Reis mit angefeuchteten Händen und einem angefeuchteten Bambuslöffel dünn auf dem Noriblatt verteilen. Dabei unten einen etwa 2 cm schmalen Rand, oben einen etwa 4 cm breiten Rand frei lassen (vgl. S. 11). Je ein Viertel des Bacons, der Avocado und des Salats mittig in einem schmalen Streifen auf dem Reis verteilen.

4 Das Noriblatt mithilfe der Sushimatte von unten nach oben fest aufrollen, dabei die Füllung mit den Fingern an den Seiten sanft hineindrücken. Den oberen Rand des Noriblatts anfeuchten und die Sushirolle mit leichtem Druck zu Ende rollen. Die Sushimatte abnehmen und die fertige Rolle in Frischhaltefolie gewickelt kühl stellen.

5 Auf diese Weise alle Zutaten zu 3 weiteren Rollen verarbeiten. Kurz vor dem Servieren mit einem scharfen Messer in etwa 3 cm breite Stücke schneiden.

ZUBEREITUNGSZEIT: CA. 20 MINUTEN
KÜHLZEIT: CA. 10 MINUTEN

„PERFEKT FÜR DEN BÜROLUNCH!“

Maki mit gebratenen Pilzen,
LAUCH UND SCHWARZEM REISESSIG

FÜR 4 ROLLEN À 6–8 STÜCK

- ½ STANGE LAUCH
- 150 G SHIITAKEPILZE
- 150 G KRÄUTERSEITLINGE
- 1 EL ÖL
- 2 EL SCHWARZER REISESSIG (CHINKIANG; AUS DEM ASIALADEN)
- 2 EL GERÖSTETES SESAMÖL
- SALZ
- 4 NORIBLÄTTER
- 1 GRUNDREZEPT SUSHIREIS (SIEHE KLAPPE VORN)
- 50 G EINGELEGTER INGWER (FERTIGPRODUKT ODER SELBST GEMACHT, SIEHE KLAPPE VORN)

1 Den Lauch putzen, waschen, längs halbieren und in längliche Streifen schneiden. Die Pilze putzen und, falls nötig, mit Küchenpapier trocken abreiben. Die Pilze in dünne Scheiben schneiden und in einer Pfanne ohne Fett bei starker Hitze 2 bis 3 Minuten anbraten.

2 Lauch und Öl dazugeben und bei starker Hitze etwa 5 Minuten mitbraten, dabei immer wieder umrühren. Pilz-Lauch-Mischung in eine Schüssel umfüllen, mit Reisessig und Sesamöl marinieren und mit Salz würzen.

3 Ein Noriblatt mit der glatten Seite nach unten auf eine ausgerollte Sushimatte legen. Etwas Reis mit angefeuchteten Händen und einem angefeuchteten Bambuslöffel dünn auf dem Noriblatt verteilen. Dabei unten einen etwa 2 cm schmalen Rand, oben einen etwa 4 cm breiten Rand frei lassen (vgl. S. 11). Ein Viertel der Pilz-Lauch-Mischung und etwas eingelegten Ingwer mittig in einem schmalen Streifen auf dem Reis verteilen.

4 Das Noriblatt mithilfe der Sushimatte von unten nach oben fest aufrollen, dabei die Füllung mit den Fingern an den Seiten sanft hineindrücken. Den oberen Rand des Noriblatts anfeuchten und die Sushirolle mit leichtem Druck zu Ende rollen. Die Sushimatte abnehmen und die fertige Rolle in Frischhaltefolie gewickelt kurz kühl stellen. Auf diese Weise alle Zutaten zu 3 weiteren Rollen verarbeiten. Kurz vor dem Servieren mit einem scharfen Messer in etwa 3 cm breite Stücke schneiden.

ZUBEREITUNGSZEIT: CA. 20 MINUTEN
KÜHLZEIT: CA. 10 MINUTEN

Lachs-Honig-Wasabi-Maki

FÜR 4 ROLLEN À 6–8 STÜCK
100 G FRISCHKÄSE
2 EL HONIG
2–3 TL WASABIPASTE
1 BUND DILL
200 G RÄUCHERLACHS
4 NORIBLÄTTER
1 GRUNDREZEPT SUSHIREIS (SIEHE KLAPPE VORN)

1 In einer Schüssel Frischkäse, Honig und Wasabi verrühren. Den Dill waschen, trocken schütteln und die Spitzen abzupfen. Den Räucherlachs in dünne Streifen schneiden.

2 Ein Noriblatt mit der glatten Seite nach unten auf eine ausgerollte Sushimatte legen. Etwas Reis mit angefeuchteten Händen und einem angefeuchteten Bambuslöffel dünn auf dem Noriblatt verteilen. Dabei unten einen etwa 2 cm schmalen Rand, oben einen etwa 4 cm breiten Rand frei lassen (vgl. S. 11). Etwas Frischkäsecreme mittig in einem schmalen Streifen auf dem Reis verstreichen, mit einem Viertel des Räucherlachses belegen und mit etwas Dill bestreuen.

3 Das Noriblatt mithilfe der Sushimatte von unten nach oben fest aufrollen, dabei die Füllung mit den Fingern an den Seiten sanft hineindrücken. Den oberen Rand des Noriblatts anfeuchten und die Sushirolle mit leichtem Druck zu Ende rollen. Die Sushimatte abnehmen und die fertige Rolle in Frischhaltefolie gewickelt kurz kühl stellen. Auf diese Weise alle Zutaten zu 3 weiteren Rollen verarbeiten. Kurz vor dem Servieren mit einem scharfen Messer in etwa 3 cm breite Stücke schneiden.

ZUBEREITUNGSZEIT: CA. 15 MINUTEN
KÜHLZEIT: CA. 10 MINUTEN

Japan liegt ja bekanntlich am Meer, weshalb Fisch seit jeher eine Hauptzutat der japanischen Esskultur darstellt. Bei der Sushizubereitung kommt er in seiner frischesten Form und mit reinstem Aroma zur Geltung. Aber auch andere Meeresbewohner wie Garnelen, Krabben oder Tintenfisch eignen sich für Sushi und sind bei uns in guter Qualität erhältlich. Wie bei jedem Fischkauf sollte auf das MSC-Siegel geachtet werden, das eine nachhaltige Fischzucht bescheinigt.

Nur das Beste aus dem Wasser

IN KLEINEN HÄPPCHEN

Wer ganze Fische verwendet, filetiert selbst und zerlegt den Fisch in mundgerechte Stücke. Einfacher geht es, wenn man auf bereits zugeschnittene Fischfilets zurückgreift. Um keine gesundheitlichen Risiken einzugehen, sei hier nochmals auf absolute Frische hingewiesen: Bei ganzen frischen Fischen sind die Augen klar, das Fleisch ist auf Fingerdruck fest, die Kiemen sind rot und der Geruch ist angenehm. Frische Fischfilets riechen ebenfalls aromatisch und haben ein festes Fleisch. Bevor die Fischstückchen verarbeitet werden, müssen alle Gräten weg: Das gelingt am besten mit einer Pinzette.

WAS SCHMECKT?

Grundsätzlich eignet sich eigentlich jeder festfleischige Fisch in Sashimi-Qualität für Sushi. Beliebte Fischsorten sind vor allem (Wild-)Lachs, Lachsforelle, Makrele oder Heilbutt. Sie wandern sowohl roh als auch in geräucherter Form in oder auf die Rolle. Meeresfrüchte wie Garnelen, Krabben oder Pulpo nehmen den Umweg über Topf oder Pfanne und werden gegart verwendet.

THUNFISCHBESTÄNDE ÜBERFISCHT

Das aromatische Fleisch des Thunfischs gehört seit Jahren zu den begehrtesten Speisefischsorten. Weil aber keine Zucht gelingt, stammt es nach wie vor aus dem Fischfang. Mittlerweile sind die Bestände überfischt und der Thunfisch ist vom Aussterben bedroht – deshalb hier der Appell, auf andere leckere Fischsorten zurückzugreifen und die Tierart zu schützen.

„LUST AUF ME(E)HR“

Lachs-Tataki
MIT CRISPY CHILI-MAYONNAISE

1 Das Lachsfilet waschen und trocken tupfen. Den Lachs in einer ofenfesten Form mit dem Flambierbrenner von allen Seiten abflämmen. Wer keinen Flambierbrenner zur Hand hat, brät den Lachs in einer Pfanne auf jeder Seite bei starker Hitze kurz an, sodass der Fisch innen noch roh ist. Den Lachs in schmale Streifen schneiden und beiseitestellen.

2 Mayonnaise mit Chiliöl verrühren. Frühlingszwiebeln putzen, waschen, längs halbieren und die weißen und hellgrünen Teile in feine Ringe schneiden. Koriander waschen, trocken schütteln und die Blätter abzupfen.

3 Ein Noriblatt mit der glatten Seite nach unten auf eine ausgerollte Sushimatte legen. Etwas Reis mit angefeuchteten Händen und einem angefeuchteten Bambuslöffel dünn auf dem Noriblatt verteilen. Dabei unten einen etwa 2 cm schmalen Rand, oben einen etwa 4 cm breiten Rand frei lassen (vgl. S. 11). Den Reis dünn mit Chilimayonnaise bestreichen. Jeweils ein Viertel des Lachses, der Frühlingszwiebelringe und der Korianderblätter mittig in einem schmalen Streifen auf dem Reis verteilen.

4 Das Noriblatt mithilfe der Sushimatte von unten nach oben fest aufrollen, dabei die Füllung mit den Fingern an den Seiten sanft hineindrücken. Den oberen Rand des Noriblatts anfeuchten und die Sushirolle mit leichtem Druck zu Ende rollen. Die Sushimatte abnehmen und die fertige Rolle in Frischhaltefolie gewickelt kurz kühl stellen. Auf diese Weise alle Zutaten zu 3 weiteren Rollen verarbeiten. Kurz vor dem Servieren mit einem scharfen Messer in etwa 3 cm breite Stücke schneiden.

ZUBEREITUNGSZEIT: CA. 25 MINUTEN
KÜHLZEIT: CA. 10 MINUTEN

FÜR 4 ROLLEN À 6–8 STÜCK

- 250 G LACHSFILET (SASHIMI-QUALITÄT)
- 4 EL JAPANISCHE MAYONNAISE
- 1 EL CRISPY CHILI-ÖL (AUS DEM ASIALADEN)
- 2 FRÜHLINGSZWIEBELN
- 1 BUND KORIANDERGRÜN
- 4 NORIBLÄTTER
- 1 GRUNDREZEPT SUSHIREIS (SIEHE KLAPPE VORN)

Räuchermakrelen-Maki
MIT ROTER BETE

FÜR 4 ROLLEN À 6–8 STÜCK

1 ROTE BETE (VORGEGART UND VAKUUMIERT)
1 GRUNDREZEPT SUSHIREIS (SIEHE KLAPPE VORN)
250 G RÄUCHERMAKRELE
1 BUND SCHNITTLAUCH
4 NORIBLÄTTER
4 EL SCHMAND
1 STÜCK FRISCHER MEERRETTICH

1 Die Rote Bete in feine Würfel schneiden, dabei am besten Einweghandschuhe tragen. Die Rote-Bete-Würfel in einer Schüssel mit dem Reis vermischen.

2 Von der Räuchermakrele die Haut abziehen und eventuell die Gräten entfernen. Den Schnittlauch waschen und trocken schütteln.

3 Ein Noriblatt mit der glatten Seite nach unten auf eine ausgerollte Sushimatte legen. Etwas Reis mit angefeuchteten Händen und einem angefeuchteten Bambuslöffel dünn auf dem Noriblatt verteilen. Dabei unten einen etwa 2 cm schmalen Rand, oben einen etwa 4 cm breiten Rand frei lassen (vgl. S. 11). Den Reis dünn mit 1 EL Schmand bestreichen. Ein Viertel der Makrele und einige Schnittlauchhalme mittig in einem schmalen Streifen auf dem Reis verteilen und etwas Meerrettich darüberreiben.

4 Das Noriblatt mithilfe der Sushimatte von unten nach oben fest aufrollen, dabei die Füllung mit den Fingern an den Seiten sanft hineindrücken. Den oberen Rand des Noriblatts anfeuchten und die Sushirolle mit leichtem Druck zu Ende rollen. Die Sushimatte abnehmen und die fertige Rolle in Frischhaltefolie gewickelt kurz kühl stellen. Auf diese Weise alle Zutaten zu 3 weiteren Rollen verarbeiten. Kurz vor dem Servieren mit einem scharfen Messer in etwa 3 cm breite Stücke schneiden.

ZUBEREITUNGSZEIT: CA. 15 MINUTEN
KÜHLZEIT: CA. 10 MINUTEN

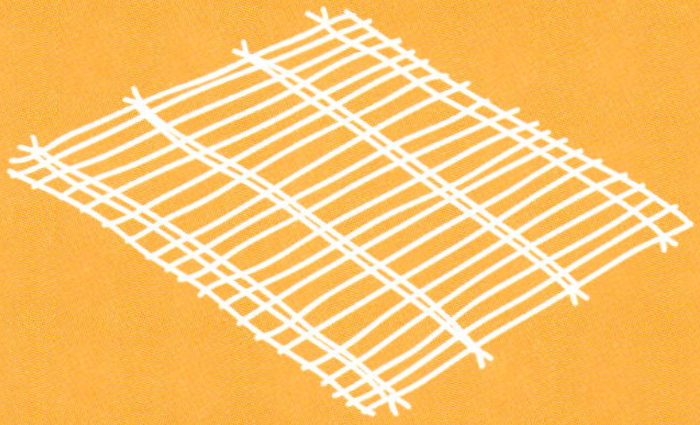

California Rolls

DIE INSIDE-OUT-HÄPPCHEN

California Rolls mit Lachsknusper

FÜR 4 ROLLEN À 6–8 STÜCK
100 G LACHSHAUT (MIT NOCH CA. ½ CM FISCHFLEISCH DRAN)
1 BIO-SALATGURKE
2 FRÜHLINGSZWIEBELN
50 G SCHWARZE UND WEIßE SESAMSAMEN
1 GRUNDREZEPT SUSHIREIS (SIEHE KLAPPE VORN)
4 NORIBLÄTTER
100 G FRISCHKÄSE

ZUBEREITUNGSZEIT: CA. 25 MINUTEN

1 Eine beschichtete Pfanne erhitzen. Die Lachshaut mit der Hautseite nach unten hineinlegen, mit einem Bogen Backpapier bedecken und mit einem Topf beschweren. Die Lachshaut bei mittlerer Hitze etwa 5 bis 6 Minuten goldbraun braten. Dann wenden und weitere 2 bis 3 Minuten kross braten. Aus der Pfanne nehmen und abkühlen lassen.

2 Die Gurke waschen, längs halbieren und die Kerne mit einem Teelöffel entfernen. Die Gurke der Länge nach in dünne Streifen schneiden. Die Frühlingszwiebeln putzen, waschen und die weißen und hellgrünen Teile in längliche Streifen schneiden. Den Sesam in einer Pfanne ohne Fett goldbraun anrösten, auf einem Backblech verteilen und abkühlen lassen.

3 Die Sushimatte mit Frischhaltefolie auslegen. Etwas Reis mit angefeuchteten Händen und einem angefeuchteten Bambuslöffel genauso breit, aber nur etwa drei Viertel so lang wie ein Noriblatt auf der Folie verteilen (Bild 1). Das Noriblatt zurechtschneiden, auf den Reis legen und etwas andrücken: Das Nori sollte immer ein bisschen kleiner sein als die Reisfläche, dann wird der Übergang schöner. Falls es nicht passt, einfach noch ein wenig Reis am oberen Rand ergänzen. Das Noriblatt gleichmäßig mit 1 bis 2 EL Frischkäse bestreichen. Etwas Lachshaut, Gurke und Frühlingszwiebeln mittig in einem schmalen Streifen darauf verteilen (Bild 2).

4 Das Sushi mithilfe der Sushimatte von unten nach oben fest aufrollen, dabei die Füllung mit den Fingern an den Seiten sanft hineindrücken und die Frischhaltefolie langsam herausziehen (Bild 3 + 4). Auf diese Weise alle Zutaten zu 3 weiteren Rollen verarbeiten. Die fertigen California Rolls im Sesam wenden und die Samen etwas andrücken. Die Rollen in etwa 3 cm breite Stücke schneiden (Foto siehe S. 27).

1

2

3

4

No-Nori-California-Rolls MIT GEBRATENEM TOFU

1 Den Sesam in einer Pfanne ohne Fett goldbraun rösten. Auf einen flachen Teller geben und abkühlen lassen.

2 Den Tofu in etwa 1 cm breite Streifen schneiden. Die Streifen rundum mit Salz und Currypulver würzen und im Maismehl wenden. Das Öl in einer Pfanne erhitzen und den Tofu darin rundum goldbraun braten. Herausnehmen und auf Küchenpapier abtropfen lassen.

3 Die Möhre putzen und schälen, die Gurke waschen. Die Avocado halbieren und den Stein entfernen. Das Fruchtfleisch schälen und mit Möhre und Gurke der Länge nach in schmale Streifen schneiden. Die Sprossen in einem Sieb abbrausen und abtropfen lassen.

4 Die Sushimatte mit Frischhaltefolie auslegen. Etwas Reis mit angefeuchteten Händen und einem angefeuchteten Bambuslöffel etwa in Größe eines Noriblatts auf der Folie verteilen (vgl. S. 29). 1 TL saure Sahne auf dem Reis verstreichen und je ein Viertel der Gemüse- und Tofustreifen sowie der Sprossen mittig in einem schmalen Streifen darauf verteilen.

5 Das Sushi mithilfe der Sushimatte von unten nach oben fest aufrollen, dabei die Füllung mit den Fingern an den Seiten sanft hineindrücken und die Frischhaltefolie langsam herausziehen. Auf diese Weise alle Zutaten zu 3 weiteren Rollen verarbeiten. Die fertigen Rollen im Sesam wenden und die Samen etwas andrücken. Die Rollen in etwa 3 cm breite Stücke schneiden.

ZUBEREITUNGSZEIT: CA. 25 MINUTEN

FÜR 4 ROLLEN À 6–8 STÜCK

50 G WEIẞE SESAMSAMEN
200 G TOFU (NATUR)
SALZ
2 TL MADRAS-CURRYPULVER
3 EL MAISMEHL
4 EL ÖL
1 MÖHRE
½ BIO-SALATGURKE
1 AVOCADO
2 EL ROTKOHLSPROSSEN
1 GRUNDREZEPT SUSHIREIS (SIEHE KLAPPE VORN)
4 TL SAURE SAHNE

California Rolls
MIT PULPO UND AVOCADO

FÜR 4 ROLLEN À 6–8 STÜCK
½ STANGE LAUCH
300 G PULPO (KÜCHENFERTIG)
SALZ
100 ML WEIßWEIN
1 AVOCADO
6 EL OKONOMIYAKI-SAUCE (JAPAN. WÜRZSAUCE; AUS DEM ASIALADEN)
1 GRUNDREZEPT SUSHIREIS (SIEHE KLAPPE VORN)
4 NORIBLÄTTER
50 G SCHWARZE SESAMSAMEN

ZUBEREITUNGSZEIT: CA. 15 MINUTEN
GARZEIT: CA. 30 MINUTEN

1 Den Lauch putzen, waschen und quer halbieren. Den Pulpo waschen und mit einer Lauchhälfte, etwas Salz und Wein in einen kleinen Topf geben. So viel Wasser angießen, dass der Pulpo bedeckt ist, und zum Kochen bringen. Bei mittlerer Hitze etwa 30 Minuten garen.

2 Restlichen Lauch in feine Streifen schneiden und in einer Schüssel mit kaltem Wasser bedecken. So verliert der Lauch etwas an Schärfe.

3 Den Pulpo abgießen, kalt abschrecken und in 1 cm dicke Stücke schneiden. Die Avocado halbieren und den Stein entfernen. Das Fruchtfleisch schälen und in einer Schüssel mit dem Pulpo und 2 EL Okonomiyaki-Sauce vermischen.

4 Die Sushimatte mit Frischhaltefolie auslegen. Etwas Reis mit angefeuchteten Händen und einem angefeuchteten Bambuslöffel genauso breit, aber nur etwa drei Viertel so lang wie ein Noriblatt auf der Folie verteilen (vgl. S. 29). Noriblatt zurechtschneiden, auf den Reis legen und etwas andrücken. Je ein Viertel der Pulpo-Füllung und der Lauchstreifen mittig in einem schmalen Streifen darauf verteilen.

5 Das Sushi mithilfe der Sushimatte von unten nach oben fest aufrollen, dabei die Füllung mit den Fingern an den Seiten sanft hineindrücken und die Frischhaltefolie langsam herausziehen. Auf diese Weise alle Zutaten zu 3 weiteren Rollen verarbeiten. Den Sesam auf einen flachen Teller geben, die fertigen Rollen darin wenden und die Samen etwas andrücken. Die Rollen in etwa 3 cm breite Stücke schneiden und mit der restlichen Okonomiyaki-Sauce servieren.

„DAMIT KLAPPT ES GARANTIERT!“

Eine gute Nachricht für alle, die gerne mit der Basisausstattung kochen: Größere Anschaffungen sind für Sushi nicht notwendig. Die Investition in einen elektrischen Reiskocher lohnt sich zwar für diejenigen, die häufig Sushi zubereiten, aber der Reis gelingt genauso im Kochtopf.

Fleißige Küchenhelfer

KOCHTOPF

Am wichtigsten ist der Deckel, denn der sollte gut schließen. Gut geeignet ist außerdem ein weiter Topf, der dem Reis die Möglichkeit zum Ausbreiten bietet. Das Material des Topfs ist zweitrangig und hängt ganz von der eigenen Vorliebe und dem heimischen Herd ab.

SUSHIMATTE

Sushimatten bestehen aus Bambus und sind quadratisch zugeschnitten. Mithilfe der Matte lässt sich Sushi mit etwas Übung ganz einfach zu festen Rollen zusammenrollen.

SCHARFES MESSER

Zur absoluten Grundausstattung in jeder Küche gehört ein gut geschärftes Messer, mit dem Gemüse, Fisch und Fleisch exakt in die richtige Form geschnitten werden können.

FLACHE HOLZSCHÜSSEL

In ihr lassen sich Nori- und Reisblätter bestens einweichen. Der Sushireis kann in ihr während der Zubereitung in luftdurchlässiger Umgebung optimal quellen.

BAMBUSLÖFFEL

Etwas angefeuchtet eignet sich ein Bambuslöffel bestens dazu, den Reis mit der Reiswürze zu vermischen und in klebrigem Zustand weiterzuverarbeiten. Alternativ geht auch ein Löffel aus Plastik.

SHODA

California Rolls
MIT EDAMAME UND MINZE

1 Die Edamame in reichlich Salzwasser aufkochen und bei schwacher Hitze etwa 5 Minuten köcheln lassen.

2 Inzwischen die Minze waschen und trocken schütteln, die Blätter abzupfen und fein hacken.

3 Die Edamame in ein Sieb abgießen, abtropfen lassen und in einer Schüssel mit dem Kartoffelstampfer zerdrücken. Frischkäse und Minze unterrühren und das Mus mit Salz würzen.

4 Die Sushimatte mit Frischhaltefolie auslegen. Etwas Reis mit angefeuchteten Händen und einem angefeuchteten Bambuslöffel genauso breit, aber nur etwa drei Viertel so lang wie ein Noriblatt auf der Folie verteilen (vgl. S. 29). Das Noriblatt zurechtschneiden, auf den Reis legen und etwas andrücken: Das Nori sollte immer ein bisschen kleiner sein als die Reisfläche, dann wird der Übergang schöner. Falls es nicht passt, einfach noch ein wenig Reis am oberen Rand ergänzen. Ein Viertel der Edamame-Füllung auf dem Noriblatt verstreichen.

5 Das Sushi mithilfe der Sushimatte von unten nach oben fest aufrollen, dabei die Füllung mit den Fingern an den Seiten sanft hineindrücken und die Frischhaltefolie langsam herausziehen. Auf diese Weise alle Zutaten zu 3 weiteren Rollen verarbeiten. Den Sesam auf einen flachen Teller füllen, die fertigen Rollen darin wenden und die Samen etwas andrücken. Die Rollen in etwa 3 cm breite Stücke schneiden.

ZUBEREITUNGSZEIT: CA. 20 MINUTEN

FÜR 4 ROLLEN À 6–8 STÜCK

250 G EDAMAME (SOJAKERNE; OHNE SCHALE; TIEFGEKÜHLT)
SALZ
3 STIELE MINZE
100 G FRISCHKÄSE
1 GRUNDREZEPT SUSHIREIS (SIEHE KLAPPE VORN)
4 NORIBLÄTTER
50 G WEIßE SESAMSAMEN

California Rolls MIT SPICY BBQ-HÄHNCHENBRUSTFILET

FÜR 4 ROLLEN À 6–8 STÜCK
250 G HÄHNCHENBRUSTFILET
1 TL KNOBLAUCHPULVER
SALZ • PFEFFER AUS DER MÜHLE
1 EL ÖL
140 G MAIS (AUS DER DOSE)
6 EL JAPANISCHE MAYONNAISE
2 EL SRIRACHA-CHILISAUCE
50 G RÖSTZWIEBELN
1 GRUNDREZEPT SUSHIREIS (SIEHE KLAPPE VORN)
4 NORIBLÄTTER
SAFT VON 1 LIMETTE
1 TL PUL-BIBER-CHILIFLOCKEN

1 Hähnchenbrustfilet waschen, trocken tupfen und rundum mit Knoblauch, Salz und Pfeffer würzen. Das Fleisch mit Öl einpinseln und auf dem Grill oder in einer Grillpfanne etwa 5 Minuten auf jeder Seite grillen. Das Fleisch vom Grill oder aus der Pfanne nehmen und etwas abkühlen lassen.

2 Den Mais in ein Sieb abgießen, abtropfen lassen und in einer Schüssel mit 4 EL Mayonnaise und der Sriracha-Chilisauce mischen. Das Hähnchenfleisch längs in schmale Streifen schneiden. Die Röstzwiebeln im Mörser fein zerstoßen oder mit dem Messer fein hacken.

3 Sushimatte mit Frischhaltefolie auslegen. Etwas Reis mit angefeuchteten Händen und einem angefeuchteten Bambuslöffel genauso breit, aber nur etwa drei Viertel so lang wie ein Noriblatt auf der Folie verteilen (vgl. S. 29). Das Noriblatt zurechtschneiden, auf den Reis legen und etwas andrücken: Das Nori sollte immer ein bisschen kleiner sein als die Reisfläche, dann wird der Übergang schöner. Falls es nicht passt, einfach noch ein wenig Reis am oberen Rand ergänzen. Ein Viertel der Maisfüllung darauf verteilen und die Hähnchenstreifen mittig in einem schmalen Streifen darauflegen.

4 Das Sushi mithilfe der Sushimatte von unten nach oben fest aufrollen, dabei die Füllung mit den Fingern an den Seiten sanft hineindrücken und die Frischhaltefolie langsam herausziehen. Auf diese Weise alle Zutaten zu 3 weiteren Rollen verarbeiten. Die fertigen Rollen in den Röstzwiebeln wenden, in etwa 3 cm breite Stücke schneiden und mit Limettensaft beträufeln. Mit Pul Biber bestreuen und mit restlicher Mayonnaise servieren.

ZUBEREITUNGSZEIT: CA. 30 MINUTEN

California Rolls
MIT GEBRATENER GARNELE UND MANGO

1 Garnelen schälen, am Rücken entlang (nicht zu tief) einschneiden und den Darm entfernen. Garnelen waschen und trocken tupfen. Knoblauch in der Schale leicht andrücken. Öl in einer Pfanne erhitzen und Garnelen darin mit dem Knoblauch etwa 4 Minuten anbraten, mit Salz würzen. Aus der Pfanne nehmen, etwas abkühlen lassen und grob hacken.

2 Mango schälen, das Fruchtfleisch an den flachen Seiten vom Stein schneiden und in feine Streifen schneiden. Schnittlauch waschen, trocken schütteln, in feine Röllchen schneiden und auf einen flachen Teller geben.

3 Die Sushimatte mit Frischhaltefolie auslegen. Etwas Reis mit angefeuchteten Händen und einem angefeuchteten Bambuslöffel genauso breit, aber nur etwa drei Viertel so lang wie ein Noriblatt auf der Folie verteilen (vgl. S. 29). Das Noriblatt zurechtschneiden, auf den Reis legen und etwas andrücken: Das Nori sollte immer ein bisschen kleiner sein als die Reisfläche, dann wird der Übergang schöner. Falls es nicht passt, einfach noch ein wenig Reis am oberen Rand ergänzen. Ein Viertel vom Frischkäse auf dem Noriblatt verstreichen und je ein Viertel der Garnelen und der Mango mittig in einem schmalen Streifen daraufgeben.

4 Das Sushi mithilfe der Sushimatte von unten nach oben fest aufrollen, dabei die Füllung mit den Fingern an den Seiten sanft hineindrücken und die Frischhaltefolie langsam herausziehen. Auf diese Weise alle Zutaten zu 3 weiteren Rollen verarbeiten. Die fertigen Rollen im Schnittlauch wenden und in etwa 3 cm breite Stücke schneiden.

ZUBEREITUNGSZEIT: CA. 25 MINUTEN

FÜR 4 ROLLEN À 6–8 STÜCK

- 180 G GARNELEN (OHNE KOPF, MIT SCHALE; TIEFGEKÜHLT UND AUFGETAUT)
- 2 KNOBLAUCHZEHEN
- 2 EL OLIVENÖL
- SALZ
- 1 MANGO
- 1 BUND SCHNITTLAUCH
- 1 GRUNDREZEPT SUSHIREIS (SIEHE KLAPPE VORN)
- 4 NORIBLÄTTER
- 100 G FRISCHKÄSE

California Rolls MIT SPARGEL-TEMPURA UND GERÖSTETEM REIS

FÜR 4 ROLLEN À 6–8 STÜCK

2 EL JASMINREIS
175 G THAI-SPARGEL
4 EL TEMPURAMEHL (AUS DEM ASIALADEN)
200 ML ÖL
1 GRUNDREZEPT SUSHIREIS (SIEHE KLAPPE VORN)
4 NORIBLÄTTER
100 G FRISCHKÄSE
1 BUND THAI-BASILIKUM (GROB GEHACKT)

1 Den Reis in einer Pfanne ohne Fett goldbraun rösten, herausnehmen und abkühlen lassen.

2 Spargel waschen und im unteren Drittel schälen, holzige Enden abschneiden. Das Tempuramehl in einer Schüssel nach Packungsanweisung anrühren. Das Öl in einer tiefen Pfanne erhitzen: Es ist heiß genug, wenn sich an einem hineingehaltenen Holzlöffelstiel Blasen bilden. Spargel im Tempurateig wenden, kurz abtropfen lassen und sofort im heißen Fett hellbraun ausbacken. Herausnehmen und auf Küchenpapier abtropfen lassen.

3 Den gerösteten Reis im Mörser oder im Blitzhacker fein mahlen und auf einen flachen Teller geben. Die Sushimatte mit Frischhaltefolie auslegen. Etwas Reis mit angefeuchteten Händen und einem angefeuchteten Bambuslöffel genauso breit, aber nur etwa drei Viertel so lang wie ein Noriblatt auf der Folie verteilen (vgl. S. 29). Das Noriblatt zurechtschneiden, auf den Reis legen und etwas andrücken: Das Nori sollte immer ein bisschen kleiner sein als die Reisfläche, dann wird der Übergang schöner. Falls es nicht passt, einfach noch ein wenig Reis am oberen Rand ergänzen. Ein Viertel des Frischkäses auf dem Noriblatt verstreichen und etwas Spargel-Tempura und einige Basilikumblätter mittig darauf verteilen.

4 Das Sushi mithilfe der Sushimatte von unten nach oben fest aufrollen, dabei die Füllung mit den Fingern an den Seiten sanft hineindrücken und die Frischhaltefolie langsam herausziehen. Auf diese Weise alle Zutaten zu 3 weiteren Rollen verarbeiten. Die fertigen Rollen im gerösteten Reis wenden und in etwa 3 cm breite Stücke schneiden.

ZUBEREITUNGSZEIT: CA. 30 MINUTEN

Onigiris & Sandwiches

PERFEKTES FINGERFOOD

Onigiris MIT POCHIERTEM LACHS

FÜR 6–8 STÜCK
200 G LACHSFILET (OHNE HAUT)
400 ML INSTANT-DASHI
2 EL HELLE FISCHSAUCE
2 EL MIRIN
SALZ
1 GRUNDREZEPT SUSHIREIS (SIEHE KLAPPE VORN)
50 G EINGELEGTER INGWER (FERTIGPRODUKT ODER SELBST GEMACHT, SIEHE KLAPPE VORN)

ZUBEREITUNGSZEIT: CA. 20 MINUTEN
GARZEIT: CA. 15 MINUTEN

1 Das Lachsfilet waschen und trocken tupfen. In einem Topf Dashi, Fischsauce, Mirin und 1 Prise Salz zum Kochen bringen, den Lachs hineingeben und den Topf vom Herd nehmen. Das Fischfilet im heißen Sud 10 bis 15 Minuten gar ziehen lassen. Dann den Lachs aus der Brühe nehmen und auf Küchenpapier abtropfen lassen. Mit zwei Gabeln vorsichtig klein zupfen. In einer Schüssel mit dem Reis mischen (Bild 1).

2 Eine kleine Schüssel mit Frischhaltefolie auslegen, einen Teil der Reismischung hineinfüllen und flach drücken. Etwas eingelegten Ingwer mittig auf den Reis legen (Bild 2). Mithilfe der Folie den gefüllten Reis aus der Schüssel nehmen und in der Handfläche so zusammendrücken, dass die Füllung gänzlich umschlossen ist (Bild 3). Auf diese Weise alle Zutaten zu weiteren 5 bis 7 Onigiris verarbeiten.

3 Die so entstandenen Reisbällchen beliebig rund, flach oder eckig formen (Bild 4).

TIPP: Wer möchte, schneidet ein Noriblatt als Streifen zurecht und wickelt es um das Onigiri, da der Reis oft etwas klebrig ist. Außerdem sorgt es für zusätzliche Würze.

1
2
3
4

Onigiris MIT KRABBEN UND SHIITAKEPILZEN

FÜR 6–8 STÜCK
75 G NORDSEEKRABBEN
6 SHIITAKEPILZE
1 EL ÖL
2 EL SOJASAUCE
1 GRUNDREZEPT SUSHIREIS (SIEHE KLAPPE VORN)
3 EL KATSUO FURIKAKE (JAPAN. REISGEWÜRZ; AUS DEM ASIALADEN)

1 Die Nordseekrabben in ein Sieb abgießen, abbrausen und abtropfen lassen. Die Pilze putzen und, falls nötig, mit Küchenpapier trocken abreiben. Die Pilze in dünne Scheiben schneiden.

2 Das Öl in einer Pfanne erhitzen und die Pilze darin bei starker Hitze 3 bis 4 Minuten anbraten. Die Shiitakepilze und Krabben in einer Schüssel mischen und mit der Sojasauce würzen.

3 Den Reis in einer Schüssel mit 2 EL Furikake mischen. Eine kleine Schüssel mit Frischhaltefolie auslegen, einen Teil der Reismischung hineinfüllen und etwas flach drücken.

4 Etwas Krabben-Pilz-Füllung daraufgeben. Mithilfe der Folie den gefüllten Reis aus der Schüssel nehmen, in der Handfläche so zusammendrücken, dass die Füllung gänzlich umschlossen ist (vgl. S. 47), und zu einem kleinen Bällchen formen.

5 Auf diese Weise alle Zutaten zu weiteren 5 bis 7 Bällchen formen und mit etwas Furikake bestreut servieren.

ZUBEREITUNGSZEIT: CA. 15 MINUTEN

Mini-Onigiris

FÜR 15–20 STÜCK
- 4 EL WEIßE SESAMSAMEN
- 5 G NORI-SNACK-CHIPS (AUS DEM ASIALADEN)
- 2 RADIESCHEN
- ½ BIO-SALATGURKE
- SALZ
- 1 NORIBLATT
- 80 G GRAVED LACHS
- 1 GRUNDREZEPT SUSHIREIS (SIEHE KLAPPE VORN)

1 Den Sesam in einer Pfanne ohne Fett anrösten. Die Nori-Snack-Chips im Mörser fein zerstoßen. Die Radieschen putzen und waschen. Die Gurke waschen, längs halbieren und die Kerne mit einem Teelöffel entfernen. Radieschen und Gurke in hauchdünne Scheiben schneiden oder hobeln, auf einem Teller auslegen und mit etwas Salz bestreuen. Das Noriblatt in kleine Quadrate schneiden. Den Lachs in dünne Streifen schneiden.

2 Den Reis in einer Schüssel mit den zerriebenen Nori-Chips und dem Sesam mischen. Mit leicht angefeuchteten Händen zu 15 bis 20 kleinen Bällchen formen.

3 Die Bällchen mit Lachs, Nori, Gurke oder Radieschen umwickeln, in Frischhaltefolie wickeln und kühl gestellt 10 Minuten ziehen lassen.

TIPP: Die Bällchen sind ein super Snack für unterwegs, fürs Picknick oder für die nächste Party.

ZUBEREITUNGSZEIT: CA. 25 MINUTEN
KÜHLZEIT: 10 MINUTEN

Gebratene Miso-Onigiris
MIT NUSS-TOFU

FÜR 6–8 STÜCK
4 EL HELLE MISOPASTE
100 G NUSS-TOFU
1 NORIBLATT
1 EL ÖL
1 GRUNDREZEPT SUSHIREIS (SIEHE KLAPPE VORN)

1 Die Misopaste in einer Schüssel mit wenig lauwarmem Wasser glattrühren. Den Tofu in 6 bis 8 gleich große Würfel schneiden. Noriblatt in Streifen schneiden.

2 Das Öl in einer Pfanne erhitzen und die Tofuwürfel darin rundum etwa 3 Minuten anbraten. Den Tofu herausnehmen und die Pfanne für später beiseitestellen.

3 Eine kleine Schüssel mit Frischhaltefolie auslegen. Etwas Reis hineinfüllen, flach drücken und einige Tofuwürfel mittig darauflegen. Mithilfe der Folie den gefüllten Reis aus der Schüssel nehmen, in der Handfläche so zusammendrücken, dass die Füllung gänzlich umschlossen ist (vgl. S. 47), und zu einem Dreieck formen. Auf diese Weise alle Zutaten zu weiteren 5 bis 7 Reisdreiecken verarbeiten.

4 Die Pfanne mit dem Restfett erneut erhitzen. Jedes Onigiri auf einer Seite mit der Misosauce bepinseln und auf dieser Seite in der Pfanne etwa 2 Minuten bei mittlerer Hitze anbraten. Die Onigiris rundum jeweils mit einem langen Stück Nori umwickeln und mit der restlichen Misosauce servieren.

ZUBEREITUNGSZEIT: 15 MINUTEN

Tonkatsu-Schnitzel
MIT KRAUTSALAT UND MAYONNAISE

FÜR 4 STÜCK
1 KLEINER SPITZKOHL
2 SCHWEINENACKENSTEAKS (À 200 G)
80 G MEHL
80 G PANKO (ASIAT. PANIERMEHL)
2 EIER
SALZ • PFEFFER AUS DER MÜHLE
ÖL ZUM AUSBACKEN
4 NORIBLÄTTER
1 GRUNDREZEPT SUSHIREIS
(SIEHE KLAPPE VORN)
4 TL SCHARFER SENF
4 EL JAPANISCHE MAYONNAISE

ZUBEREITUNGSZEIT: CA. 30 MINUTEN
RUHEZEIT: CA. 10 MINUTEN

1 Vom Spitzkohl die äußeren Blätter entfernen, den Kohl vierteln und den harten Strunk entfernen. Die Blätter in sehr feine Streifen schneiden oder hobeln und in einer Schüssel mit kaltem Wasser bedecken.

2 Die Steaks waschen, trocken tupfen, halbieren und etwas flach klopfen. Mehl und Panko jeweils in tiefe Teller geben. Die Eier in einem tiefen Teller verquirlen. Das Fleisch mit Salz und Pfeffer würzen und zunächst im Mehl wenden. Überschüssiges Mehl abklopfen. Dann durch die Eier ziehen und zuletzt im Panko wenden und etwas andrücken. Diesen Paniervorgang noch einmal wiederholen.

3 Reichlich Öl in einer Pfanne erhitzen und darin die Schnitzel schwimmend goldbraun ausbacken. Herausnehmen und auf Küchenpapier abtropfen lassen.

4 Für die Sandwiches auf den Noriblättern jeweils etwas Reis verteilen und 1 TL Senf, etwas Kohl, 1 Schnitzel, 1 TL Majonnaise und nochmals etwas Kohl daraufschichten (Bild 1). Die Sushi-Sandwiches mit einer zweiten Schicht Reis bedecken und mit angefeuchteten Händen etwas andrücken (Bild 2). Die Ecken der Noriblätter zur Mitte hin falten, sodass kleine Päckchen entstehen (Bild 3).

5 Die Päckchen in Frischhaltefolie wickeln und vor dem Servieren etwas ruhen lassen, damit der Reis später gut zusammenhält. Die Sushi-Sandwiches im Ganzen oder halbiert servieren (Bild 4).

1

2

3

4

Koreanisches Sandwich
MIT KIMCHI UND GEBRATENEM EI

FÜR 4 STÜCK
1 ROTE BETE
1 MÖHRE
½ SALATGURKE
4 STIELE KORIANDERGRÜN
2 EL BUTTER
4 EIER
4 NORIBLÄTTER
1 GRUNDREZEPT SUSHIREIS (SIEHE KLAPPE VORN)
4 EL KIMCHI (FERTIGPRODUKT)
4 EL GOCHUJANG-PASTE (KOREAN. WÜRZPASTE; AUS DEM ASIALADEN)

1 Rote Bete, Möhre und Gurke putzen, schälen und in feine Streifen schneiden oder hobeln. Dabei am besten Einweghandschuhe tragen, denn die Rote Bete färbt ab. Den Koriander waschen, trocken tupfen und die Blätter abzupfen.

2 Die Butter in einer Pfanne bei mittlerer Hitze erhitzen. Die Eier nacheinander aufschlagen, in die Pfanne gleiten lassen und zu Spiegeleiern braten. Sobald das Eiweiß gestockt ist, die Eier wenden und 1 weitere Minute braten. Die Spiegeleier aus der Pfanne nehmen.

3 Für die Sandwiches auf den Noriblättern jeweils etwas Reis verteilen. Mit den Gemüsestreifen, je 1 Spiegelei, je 1 EL Kimchi und einigen Korianderblättern belegen und mit je 1 EL Gochujang-Paste beträufeln. Die Sandwiches mit einer zweiten Schicht Reis bedecken und mit angefeuchteten Händen etwas andrücken. Die Ecken der Noriblätter zur Mitte hin falten, sodass kleine Päckchen entstehen (vgl. S. 55).

4 Die Päckchen in Frischhaltefolie wickeln und vor dem Servieren etwas ruhen lassen, damit der Reis später gut zusammenhält. Die Sandwiches im Ganzen oder halbiert servieren.

ZUBEREITUNGSZEIT: 30 MINUTEN
RUHEZEIT: CA. 10 MINUTEN

Curry-Chicken-Sandwich
MIT EI UND SALAT

FÜR 4 STÜCK
200 G HÄHNCHENBRUSTFILET
400 ML HÜHNERBRÜHE
2 EL MAYONNAISE
2 TL MADRAS-CURRYPULVER
SALZ • PFEFFER AUS DER MÜHLE
1 RÖMERSALATHERZ
2 HART GEKOCHTE EIER
4 NORIBLÄTTER
1 GRUNDREZEPT SUSHIREIS
(SIEHE KLAPPE VORN)

1 Das Hähnchenbrustfilet waschen und trocken tupfen. Die Hühnerbrühe in einem Topf aufkochen und das Fleisch darin bei schwacher Hitze etwa 10 Minuten garen. Den Topf vom Herd nehmen und das Hähnchenfleisch in der Brühe abkühlen lassen. Dann in einer Schüssel mit zwei Gabeln auseinanderzupfen, die Mayonnaise untermischen und mit Currypulver, Salz und Pfeffer würzen.

2 Den Salat in die einzelnen Blätter teilen, waschen, trocken schleudern und in feine Streifen schneiden. Die Eier pellen und in dünne Scheiben schneiden.

3 Für die Sandwiches auf den Noriblättern jeweils etwas Reis verteilen und ein Viertel des Salats, Hähnchens und der Eierscheiben daraufschichten. Die Sandwiches mit einer zweiten Schicht Reis bedecken und mit angefeuchteten Händen etwas andrücken. Die Ecken der Noriblätter zur Mitte hin falten, sodass kleine Päckchen entstehen (vgl. S. 55).

4 Die Päckchen in Frischhaltefolie wickeln und vor dem Servieren etwas ruhen lassen, damit der Reis später gut zusammenhält. Die Sandwiches im Ganzen oder halbiert servieren.

ZUBEREITUNGSZEIT: 20 MINUTEN
GARZEIT: CA. 10 MINUTEN
ABKÜHLZEIT: CA. 30 MINUTEN
RUHEZEIT: CA. 10 MINUTEN

Sandwich
MIT DORADE UND MISO-MÖHREN-SALAT

1 Die Doradenfilets waschen und trocken tupfen. Das Olivenöl in einer beschichteten Pfanne erhitzen und die Fischfilets darin bei starker Hitze auf der Hautseite 2 bis 3 Minuten braten, bis die Haut schön kross und die Filets gerade gar sind. Die Pfanne vom Herd nehmen und die Fischfilets darin ruhen lassen.

2 Die Möhren putzen, schälen und auf der Küchenreibe grob hobeln. Die Frühlingszwiebeln putzen, waschen und die weißen und hellgrünen Teile in feine Streifen schneiden. Das Miso in einer Schüssel mit etwas Wasser glatt rühren und die Möhrenraspel darin kurz marinieren. Dann die Frühlingszwiebeln untermischen.

3 Für die Sandwiches auf den Noriblättern jeweils etwas Reis verteilen und je ein Viertel des Möhrensalats daraufschichten. Mit je 1 Fischfilet belegen und den eingelegten Ingwer darauf verteilen. Die Sandwiches mit einer zweiten Schicht Reis bedecken und mit angefeuchteten Händen etwas andrücken. Die Ecken der Noriblätter zur Mitte hin falten, sodass kleine Päckchen entstehen (vgl. S. 55).

4 Die Päckchen in Frischhaltefolie wickeln und vor dem Servieren etwas ruhen lassen, damit der Reis später gut zusammenhält. Die Sandwiches im Ganzen oder halbiert servieren.

ZUBEREITUNGSZEIT: CA. 30 MINUTEN
RUHEZEIT: CA. 10 MINUTEN

FÜR 4 STÜCK

- 4 KLEINE DORADENFILETS (MIT HAUT)
- 1 EL OLIVENÖL
- 3 MÖHREN
- 2 FRÜHLINGSZWIEBELN
- 2 EL HELLE MISOPASTE
- 4 NORIBLÄTTER
- 1 GRUNDREZEPT SUSHIREIS (SIEHE KLAPPE VORN)
- 30 G EINGELEGTER INGWER (FERTIGPRODUKT ODER SELBST GEMACHT, SIEHE KLAPPE VORN)

Sushi Bowls

EINE SCHALE VOLL GLÜCK

„FRSICHE GRÜßE AUS DER SÜDSEE!“

Poke Bowl
MIT WILDLACHS UND RÄUCHERTOFU

1 Den Sesam in einer Pfanne ohne Fett goldbraun anrösten. Die Möhre putzen, schälen und in feine Streifen schneiden oder hobeln. Die Avocado halbieren und den Stein entfernen. Die Avocadohälften schälen und in breite Scheiben schneiden.

2 Den Tofu in kleine Würfel schneiden. Die Gochujang-Paste in einer Schüssel mit wenig Wasser glatt rühren und mit Salz und 1 Spritzer Zitronensaft abschmecken. Den Wildlachs waschen, trocken tupfen und in mundgerechte Stücke schneiden. Die Shisokresse vom Beet abschneiden, waschen und trocken tupfen.

3 Den Reis auf vier Schalen verteilen. Möhre, Avocado, Tofu, Lachs und eingelegten Ingwer jeweils separat auf dem Reis anrichten und nach Belieben mit Chilisauce beträufeln. Die Poke Bowl mit Sesam bestreuen und mit der Shisokresse garnieren.

ZUBEREITUNGSZEIT: CA. 20 MINUTEN

FÜR 4 BOWLS

2 TL WEIßE SESAMSAMEN
1 MÖHRE
1 AVOCADO
200 G RÄUCHER-NUSS-TOFU
2 EL GOCHUJANG-PASTE (KOREAN. WÜRZPASTE; AUS DEM ASIALADEN)
SALZ
ETWAS ZITRONENSAFT
400 G WILDLACHSFILET (OHNE HAUT)
1 KÄSTCHEN SHISOKRESSE
1 GRUNDREZEPT SUSHIREIS (SIEHE KLAPPE VORN)
50 G EINGELEGTER INGWER (FERTIGPRODUKT ODER SELBST GEMACHT, SIEHE KLAPPE VORN)
CHILISAUCE (NACH BELIEBEN)

Kabeljau-Ceviche-Bowl
MIT KIMCHI UND GEBRATENEN ROSENKOHLBLÄTTERN

FÜR 4 BOWLS
SAFT VON 3 LIMETTEN
2 TL BRAUNER ZUCKER
SALZ
1 BUND KORIANDERGRÜN (MIT WURZELN)
1 GRÜNE THAI-CHILISCHOTE
400 G KABELJAUFILET (OHNE HAUT)
1 SÜẞKARTOFFEL
150 G ROSENKOHL
1 KNOBLAUCHZEHE
2 EL BUTTER
1 GRUNDREZEPT SUSHIREIS (SIEHE KLAPPE VORN)
200 G KIMCHI (FERTIGPRODUKT)
50 G GERÖSTETE MAISKÖRNER

1 Den Limettensaft in einen hohen Rührbecher füllen und mit 50 ml Wasser, Zucker und 1 guten Prise Salz verrühren. Den Koriander waschen, trocken schleudern und ein paar Stiele zum Garnieren beiseitelegen. Die restlichen Stiele und Blätter samt Wurzeln grob hacken. Die Chilischote längs halbieren, entkernen, waschen und mit dem Koriander in den Rührbecher geben. Die Mischung mit dem Stabmixer fein pürieren.

2 Fisch waschen und trocken tupfen, in etwa 2 cm dicke Stücke schneiden und in eine Schüssel füllen. Limettensud durch ein Sieb darübergießen, gut untermischen und Fisch 20 Minuten kühl gestellt ziehen lassen.

3 Die Süßkartoffel schälen, je nach Größe halbieren und in einem Topf in reichlich Salzwasser etwa 15 Minuten garen. Die Süßkartoffel abgießen und ausdampfen lassen.

4 Den Rosenkohl putzen und die äußeren Blätter entfernen. Den Rosenkohl waschen, den Strunk entfernen und die Blätter auseinanderzupfen. Den Knoblauch in der Schale mit dem Messerrücken leicht andrücken. Eine Pfanne erhitzen und darin die Rosenkohlblätter und den Knoblauch bei starker Hitze 2 bis 3 Minuten anbraten. Die Butter hinzufügen und den Rosenkohl weitere 2 Minuten in der Butter schwenken.

5 Den Reis auf vier Schalen verteilen. Den Fisch aus der Marinade nehmen und mit den vorbereiteten Zutaten und dem Kimchi jeweils separat auf dem Reis anrichten. Die Bowl mit etwas Marinade beträufeln, mit den Maiskörnern bestreuen und dem beiseitegestellten Koriander garnieren.

ZUBEREITUNGSZEIT: CA. 30 MINUTEN

Trinken auf Japanisch

Japan ist das Land des Tees: Tee ist dort allgegenwärtig und wird überall in vielen verschiedenen Sorten angeboten. Sogar Getränkeautomaten sind neben dem üblichen Sortiment stets mit Teesorten bestückt, sowohl in warmer und als auch in kalter Variante.

So verwundert es auch nicht, dass traditionell grüner Tee ein Sushi-Essen begleitet. Wer Alkohol bevorzugt, bestellt Sake, japanischen Reiswein. Er wird auf Körpertemperatur erwärmt serviert. Weil Tradition jedoch einem stetigen Wandel unterliegt, ist es inzwischen genauso üblich, sich ein Gläschen Bier, Wein oder einen erfrischenden Cocktail zum Sushi zu genehmigen. Passende Rezepte dafür (jeweils für 1 Glas) gibt es hier.

ÜBRIGENS: Als echter Geheimtipp zu Sushi wird unter Kennern Sauerkrautsaft gehandelt. Dieser neutralisiert den Gaumen.

HIGHBALL MIT SAKE

ZUBEREITUNGSZEIT: CA. 10 MINUTEN

+ Eiswürfel
+ je 3 dünne Ingwer- und Gurkenscheiben
+ 50 ml Sake + ¼ l Ginger Ale

Ein Longdrinkglas mit Eiswürfeln füllen. Ingwer- und Gurkenscheiben dazugeben. Mit Sake und Ginger Ale auffüllen.

SAKETINI

ZUBEREITUNGSZEIT: CA. 5 MINUTEN

+ Eiswürfel
+ 2 Spritzer Orange Bitter (alternativ Orangensaft)
+ 30 ml Sake + 20 ml Wodka + Bio-Zitronenschale

1 Ein Rührglas mit Eiswürfeln füllen. Mit Orange Bitter, Sake und Wodka auffüllen. In ein vorgekühltes Martiniglas abseihen. Zitronenschale über dem Drink flambieren und dazugeben.

2 Zum Flambieren Streichholz zwischen Schale und Glas halten. Schale andrücken, damit die Öle über der Flamme karamellisieren.

ZUBEREITUNGSZEIT: CA. 20 MIN.
WARTEZEIT: 1 STUNDE

ERFRISCHENDER GRÜNTEE-MOCKTAIL

+ 1 Mini-Gurke
+ ½–1 l Sodawasser
+ ca. 5–6 cm Ingwer
+ ¼ Bio-Limette
+ 1 TL Rohrohrzucker oder 1 cl Zuckersirup
+ 120 ml gekühlter Grüntee + Eiswürfel
+ je 1 Gurken- und Ingwerscheibe zum Garnieren

1 Die Mini-Gurke waschen und in etwa 2 mm dünne Scheiben schneiden. 3 Scheiben zur Seite legen, die restlichen Gurkenscheiben zum Sodawasser geben und zugedeckt mindestens 1 Stunde ziehen lassen.

2 Den Ingwer in 3 Scheiben schneiden. Mit Limette, den 3 beiseitegelegten Gurkenscheiben, dem Zucker oder dem Zuckersirup in den Shaker geben und alles gut zerdrücken. Den Grüntee dazugeben.

3 Mit Eiswürfeln auffüllen. Alles 10 bis 15 Mal kräftig schütteln. Doppelt in ein mit Eiswürfeln gefülltes Highballglas abseihen und mit Gurken-Sodawasser auffüllen (das restliche Wasser anderweitig verwenden). Mit Gurke und Ingwer garnieren.

VIRGIN MUNICH MULE MIT BASILIKUM

ZUBEREITUNGSZEIT: CA. 15 MINUTEN
WARTEZEIT: 30 MINUTEN

+ 10 Stiele Basilikum
+ 200 g Zucker
+ 30 ml Grapefruitsaft
+ Eiswürfel
+ 120 ml Ginger Beer
+ 1 Stiel Basilikum zum Garnieren

1 Für den Basilikumsirup das Basilikum waschen und trocken schütteln. Den Zucker und 100 ml Wasser in einem Topf erhitzen und köcheln lassen, bis sich der Zucker aufgelöst hat. Das Basilikum dazugeben, umrühren und mindestens 30 Minuten ziehen lassen. Den Sirup abseihen, in eine saubere Flasche füllen und kühl stellen.

2 20 ml Basilikumsirup, den Grapefruitsaft und Eiswürfel in den Shaker geben und alles 10 Mal kräftig schütteln. Doppelt in das mit Eiswürfeln gefüllte Highball- oder Tulpenglas abseihen. Mit dem Ginger Beer aufgießen und vorsichtig verrühren. Mit dem Basilikum garnieren.

Wer lieber einen alkoholischen Cocktail möchte, nimmt anstatt des Grapefruitsafts Gin.

Tamago Bowl mit Zucchini, TAHIN-NUDELN UND MARINIERTEN RADIESCHEN

1 Radieschen in einer Schüssel mit Essig, Zucker und 1 Prise Salz verrühren und darin ziehen lassen. Die Eier in eine Schüssel aufschlagen und mit Dashi, Sojasauce, Mirin und etwas Salz verquirlen.

2 Etwas Öl in einer Pfanne erhitzen, ein Viertel der Eimasse hineingießen, leicht verrühren, gleichmäßig verteilen und bei mittlerer Hitze stocken lassen. Wenn das Ei an der Oberfläche gar, aber noch etwas feucht ist, vom Rand her zweimal umklappen, sodass ein gefaltetes Viertel entsteht.

3 Eiviertel am Rand liegen lassen, die freie Fläche der Pfanne erneut mit Öl bepinseln und ein weiteres Viertel der Eiermasse in die Pfanne gießen. Das Ei wieder leicht verrühren, gleichmäßig verteilen und stocken lassen.Das erste Eiviertel über das frisch gestockte Ei zur anderen Seite klappen, sodass eine weitere Schicht entsteht. Diesen Vorgang so lange wiederholen, bis die Eiermasse aufgebraucht ist und ein Omelette mit mehreren Schichten entstanden ist. Das fertige japanische Omelette (Tamago) auf eine Sushimatte setzen, eckig einwickeln und auskühlen lassen. Zum Servieren in breite Scheiben schneiden.

4 Zucchini putzen, waschen und mit dem Spiralschneider zu dünnen Streifen verarbeiten. Tahin mit etwas Wasser und Zitronensaft glatt rühren, mit Salz und Pfeffer würzen. Reis auf vier Schalen verteilen. Zucchininudeln mit dem Tahin-Dressing mischen und mit Omelette und Radieschen jeweils separat auf dem Reis anrichten. Mit den Cashewkernen bestreuen.

ZUBEREITUNGSZEIT: 25 MINUTEN
ABKÜHLZEIT: CA. 20 MINUTEN

FÜR 4 BOWLS

1 BUND RADiESCHEN (IN VIERTELN)
1 EL ESSIG
1 EL ZUCKER
SALZ
4 EIER
50 ML INSTANT-DASHi
1 TL SOJASAUCE
1 EL MiRIN
1–2 EL ÖL
2 ZUCCHINi
2 EL TAHIN (SESAMPASTE)
SAFT VON 1 ZITRONE
PFEFFER AUS DER MÜHLE
1 GRUNDREZEPT SUSHiREiS
(SIEHE KLAPPE VORN)
50 G GERÖSTETE CASHEWKERNE

Kürbis-Bowl
MIT EI, GEBRATENER GURKE UND TOFU

FÜR 4 BOWLS
½ HOKKAIDO-KÜRBIS
SALZ
4 EIER
2 KLEINE SNACK-GURKEN
1 FRITTIERTER TOFU (AUS DEM ASIALADEN)
½ BUND SALBEI
4 EL ÖL
1 TL BRAUNER ZUCKER
4 EL JAPANISCHE MAYONNAISE
3 TL SHICHIMI TOGARASHI (JAPAN. GEWÜRZMISCHUNG; AUS DEM ASIALADEN)
2 EL ZITRONENSAFT
1 GRUNDREZEPT SUSHIREIS (SIEHE KLAPPE VORN)

1 Den Kürbis waschen, vierteln und die Kerne mit einem Löffel entfernen. Kürbisviertel mit Salz würzen und in ein Dämpfkörbchen setzen. Wenig Wasser in einem weiten Topf erhitzen, das Dämpfkörbchen hineinsetzen und den Kürbis darin mit geschlossenem Deckel 15 bis 20 Minuten garen.

2 Inzwischen die Eier in kochendem Wasser je nach Größe 5 bis 6 Minuten wachsweich garen, kalt abschrecken und vorsichtig pellen.

3 Die Gurken waschen, halbieren und mit dem Tofu in grobe Würfel schneiden. Den Salbei waschen, trocken tupfen und die Blätter abzupfen. Das Öl in einer Pfanne erhitzen und die Salbeiblätter darin frittieren. Herausnehmen und auf Küchenpapier abtropfen lassen.

4 Etwas Bratöl abgießen, die Pfanne erneut erhitzen und Tofu- und Gurkenwürfel darin anbraten. Mit Salz und Zucker würzen und leicht karamellisieren.

5 Die Mayonnaise in einer kleinen Schüssel mit 1 bis 2 TL Shichimi und dem Zitronensaft verrühren. Den Reis auf vier Schalen verteilen. Den Kürbis in mundgerechte Stücke schneiden und mit dem Gemüse auf dem Reis verteilen. Die Eier in der Bowl halbieren, den frittierten Salbei darauf anrichten und mit dem restlichen Shichimi bestreut servieren.

TIPP: Wer kein Dämpfkörbchen besitzt, kann den Kürbis auch in wenig Wasser garen. Darauf achten, dass er nicht zerfällt.

ZUBEREITUNGSZEIT: CA. 35 MINUTEN

Rote-Bete-Sesam-Reis
MIT PILZGEMÜSE UND GESALZENER MAKRELE

1 Das Makrelenfilet waschen, trocken tupfen und auf beiden Seiten kräftig mit Salz würzen. In einer flachen Schüssel mit dem Essig und etwas kaltem Wasser bedecken und darin 20 Minuten ziehen lassen.

2 Den Sesam in einer Pfanne ohne Fett goldbraun anrösten und auf einem Teller abkühlen lassen. Die Champignons putzen und, falls nötig, trocken abreiben. Die Pilze vierteln. Die Frühlingszwiebeln putzen, waschen und die weißen und hellgrünen Teile in 2 bis 3 cm lange Stücke schneiden. Edamame in einem Sieb abbrausen und abtropfen lassen.

3 Das Öl in einer Pfanne erhitzen, Pilze und Frühlingszwiebeln darin bei mittlerer Hitze anbraten. Edamame dazugeben und weitere 2 Minuten mitbraten. Mit Sojasauce ablöschen und mit 1 Prise Pfeffer und dem Sesamöl würzen.

4 Die Rote Bete putzen, schälen und auf der Küchenreibe fein reiben, dabei am besten Einweghandschuhe tragen. Die Raspel mit der Hälfte des Sesams unter den Reis mischen.

5 Die Radieschenkresse vom Beet abschneiden, waschen und trocken tupfen. Den Fisch aus der Marinade nehmen, abtropfen lassen und in mundgerechte Stücke schneiden. Den Reis auf vier Schalen verteilen. Pilzgemüse und Makrele auf dem Reis anrichten, mit dem restlichen Sesam bestreuen und mit Radieschenkresse garnieren. Nach Belieben Sojasauce und gesalzenes Sesamöl zum Fisch reichen.

ZUBEREITUNGSZEIT: CA. 25 MINUTEN

FÜR 4 BOWLS

250 G MAKRELENFILET (OHNE HAUT; SASHIMI-QUALITÄT)
SALZ
1 EL WEIẞWEINESSIG
JE 1 EL WEIẞE UND SCHWARZE SESAMSAMEN
250 G BRAUNE CHAMPIGNONS
2 FRÜHLINGSZWIEBELN
100 G EDAMAME (SOJAKERNE; OHNE SCHALE)
1 EL ÖL
2 EL SOJASAUCE
PFEFFER AUS DER MÜHLE
1 EL GERÖSTETES SESAMÖL
1 ROTE BETE
1 GRUNDREZEPT SUSHIREIS (SIEHE KLAPPE VORN)
1 BEET GRÜNE RADIESCHENKRESSE

Lachs-Shabu-Shabu

MIT ASIATISCHEM ROTKOHL-SLAW UND WAKAME

FÜR 4 BOWLS
½ KOPF ROTKOHL
SALZ
4 EL SOJASAUCE
2 EL BRAUNER ZUCKER
2 EL WEIẞWEINESSIG
50 G WASABI-NÜSSE
250 G LACHSFILET (OHNE HAUT; SASHIMI-QUALITÄT)
1 GRUNDREZEPT SUSHIREIS (SIEHE KLAPPE VORN)
2 EL GERÖSTETES SESAMÖL
200 G WAKAME (ALGENSALAT)
250 ML INSTANT-DASHI
4 EL JAPANISCHE MAYONNAISE

1 Den Rotkohl halbieren und auf der Küchenreibe grob raspeln. Die Raspel in einer großen Schüssel mit 1 guten Prise Salz, 2 EL Sojasauce, Zucker und Essig mischen und kräftig mit den Händen durchkneten. Den Rotkohl kühl gestellt 1 bis 2 Stunden ziehen lassen.

2 Die Wasabi-Nüsse grob hacken. Das Lachsfilet waschen, trocken tupfen und in dünne Scheiben schneiden.

3 Den Reis auf vier Bowls verteilen. Vom Rotkohl-Slaw eventuell entstandene Flüssigkeit abgießen, den Krautsalat mit Salz und Sesamöl würzen und mit dem Wakame jeweils separat auf dem Reis verteilen.

4 Dashi und restliche Sojasauce in einem Topf zum Kochen bringen. Den Topf vom Herd nehmen, die Fischscheiben im heißen Sud 2 bis 3 Sekunden hin und her schwenken, herausnehmen und ebenfalls auf dem Reis verteilen. Der Fisch soll nur leicht von außen garen und in der Mitte noch roh sein. Das Lachs-Shabu-Shabu mit der japanischen Mayonnaise beträufelt und mit den Wasabi-Nüssen bestreut sofort servieren.

TIPP: Eine schöne Alternative ist es, den Topf mit dem heißen Dashi einfach auf den Tisch zu stellen und jeder gart seinen Fisch selbst. Shabu Shabu ist nämlich so etwas wie die japanische Antwort auf Fondue.

ZUBEREITUNGSZEIT: CA. 30 MINUTEN
KÜHLZEIT: CA. 2 STUNDEN

Sushi mal anders

KÖSTLICHES CROSSOVER

Veggie-Sommerrollen
MIT CASHEW-DIP

FÜR 8 STÜCK

FÜR DIE ROLLEN:

1 BIO-SALATGURKE
1 MÖHRE
1 AVOCADO
1 MANGO
200 G VORFRITTIERTER TOFU
50 G ERDNUSSKERNE (GERÖSTET UND GESALZEN)
100 G DÜNNE REISNUDELN
1 BIO-LIMETTE
JE 1 EL SCHWARZE UND WEIßE SESAMSAMEN
1 BUND KORIANDERGRÜN
1 BUND THAI-BASILIKUM
1 ROMANASALATHERZ
8 REISPAPIERBLÄTTER

FÜR DEN DIP:

50 G CASHEWCREME
2 EL FISCHSAUCE
1 EL SOJASAUCE

ZUBEREITUNGSZEIT: CA. 30 MINUTEN

1 Für die Rollen die Gurke waschen. Die Möhre putzen und schälen. Die Avocado halbieren, den Stein entfernen und die Avocadohälften schälen. Die Mango schälen und das Fruchtfleisch an den flachen Seiten vom Stein schneiden. Gemüse, Obst und Tofu in gleichmäßige Streifen schneiden. Die Erdnüsse grob hacken.

2 Die Reisnudeln in einer Schüssel mit kochendem Wasser übergießen und 7 bis 8 Minuten ziehen lassen. Die Nudeln in ein Sieb abgießen und abtropfen lassen. Die Limette heiß waschen, trocken reiben und die Schale fein abreiben. Die Limette halbieren und den Saft auspressen. Den Sesam in einer Pfanne ohne Fett anrösten. Die Kräuter waschen und trocken schütteln, von der Hälfte der Stiele die Blätter abzupfen, restliche Kräuter beiseitelegen. Den Salat in die einzelnen Blätter teilen, waschen und trocken schleudern.

3 Eine flache Schüssel mit heißem Wasser füllen. Jeweils 1 Reispapierblatt hineinlegen und 30 bis 40 Sekunden leicht hin und her bewegen (Bild 1). Das Reispapier herausnehmen, etwas abtropfen lassen und auf ein feuchtes Holzbrett legen. Das Blatt in der Mitte mit einem Achtel der vorbereiteten Zutaten füllen (Bild 2), dann die Blattseiten nach innen schlagen und das Reispapier von unten nach oben aufrollen (Bild 3). Auf diese Weise die übrigen Zutaten zu weiteren 7 Rollen verarbeiten.

4 Für den Dip die Cashewcreme in einer Schüssel mit Fischsauce, Sojasauce und wenig Wasser glatt rühren. Die Sommerrollen mit dem Cashew-Dip und den restlichen Kräutern anrichten (Bild 4).

1

2

3

4

Rote-Quinoa-Veggie-Maki

FÜR 4 ROLLEN À 6–8 STÜCK

200 G ROTE QUINOA
SALZ
2 EL MIRIN
1 EL SOJASAUCE
2 EL REISESSIG
1 MÖHRE
150 G THAI-SPARGEL
½ BIO-SALATGURKE
1 ROTE BETE
4 NORIBLÄTTER

1 In einem Topf Quinoa mit 400 ml Salzwasser zum Kochen bringen und bei schwacher Hitze 15 bis 20 Minuten quellen lassen. Quinoa mit einer Gabel auflockern und mit einem feuchten Tuch bedeckt kurz ausdampfen lassen. Dann Mirin, Sojasauce und Reisessig unter die lauwarme Quinoa mischen und vollständig abkühlen lassen.

2 Möhre putzen und schälen. Spargel waschen und im unteren Drittel schälen, die holzigen Enden abschneiden. Gurke waschen, längs halbieren und entkernen. Rote Bete putzen und schälen, dabei am besten Einweghandschuhe tragen. Alles in dünne Streifen schneiden.

3 Ein Noriblatt auf eine Sushimatte legen. Etwas Quinoa mittig auf dem Noriblatt verteilen, dabei unten einen etwa 2 cm schmalen Rand, oben einen etwa 4 cm breiten Rand frei lassen. Ein Viertel der Gemüsestreifen mittig in einem schmalen Streifen darauf verteilen.

4 Das Noriblatt mithilfe der Sushimatte von unten nach oben fest aufrollen, dabei die Füllung mit den Fingern an den Seiten sanft hineindrücken. Den oberen Rand des Noriblatts anfeuchten und die Sushirolle mit leichtem Druck zu Ende rollen. Die Sushimatte abnehmen und die fertige Rolle in Frischhaltefolie gewickelt kurz kühl stellen. Auf diese Weise alle Zutaten zu 3 weiteren Rollen verarbeiten. Das Rote-Quinoa-Veggie-Maki kurz vor dem Servieren mit einem scharfen Messer in etwa 3 cm breite Stücke schneiden oder als handlichen Snack genießen.

ZUBEREITUNGSZEIT: CA. 20 MINUTEN
QUELLZEIT: CA. 20 MINUTEN
KÜHLZEIT: CA. 10 MINUTEN

Weiße-Quinoa-Gurken-Maki
MIT LACHSTATAR

FÜR 4 ROLLEN À 6–8 STÜCK
150 G WEIßE QUINOA
SALZ
2 BIO-SALATGURKEN
150 G LACHSFILET (OHNE HAUT; SASHIMI-QUALITÄT)
1 BUND DILL
2 EL SOJASAUCE
2 EL JAPANISCHE MAYONNAISE
1 EL REISESSIG
6 NORIBLÄTTER

1 In einem Topf Quinoa mit 300 ml Salzwasser zum Kochen bringen und bei schwacher Hitze 15 bis 20 Minuten quellen lassen. Mit einer Gabel auflockern und mit einem feuchten Tuch bedeckt ausdampfen lassen.

2 Inzwischen die Gurken waschen, quer halbieren und die Enden abschneiden. Das Kerngehäuse mit einem Apfelkern-Ausstecher entfernen.

3 Das Lachsfilet waschen, trocken tupfen und in feine Würfel schneiden. Den Dill waschen und trocken schütteln, die Spitzen abzupfen und fein hacken. In einer Schüssel Dill, Sojasauce und Lachs zu einem Tatar verrühren. Das Tatar gleichmäßig in die Hohlräume der 4 Gurkenstücke drücken.

4 Mayonnaise und Reisessig unter die abgekühlte Quinoa mischen. Je 2 Noriblätter halbieren und jeweils 1 ½ Noriblätter etwas überlappend auf eine Sushimatte legen. Quinoa großzügig auf den Noriblättern verteilen, sodass jeweils 1 Gurkenviertel davon umschlossen wird.

5 Eine gefüllte Gurke mittig auf der Quinoa platzieren und die Noriblätter mithilfe der Sushimatte von unten nach oben fest aufrollen. Den oberen Rand des Noriblatts anfeuchten und die Sushirolle mit sanftem Druck zu Ende rollen. Die Sushimatte abnehmen und die fertige Rolle kurz kühl stellen. Auf diese Weise alle Zutaten zu 3 weiteren Rollen verarbeiten. Kurz vor dem Servieren in etwa 3 cm breite Stücken schneiden.

ZUBEREITUNGSZEIT: CA. 30 MINUTEN
QUELLZEIT: CA. 20 MINUTEN
KÜHLZEIT: CA. 10 MINUTEN

„FRUIT 'N' ROLL AUF DEM TELLER!“

Fruchtige Sommerrollen
MIT SÜSSER ERDNUSSSAUCE

FÜR 8 STÜCK

- 300 G GEMISCHTE BEEREN (FRISCH ODER TIEFGEKÜHLT UND AUFGETAUT)
- 2 FEIGEN
- 3 EL ERDNUSSBUTTER
- 2 EL HONIG
- 8 REISPAPIERBLÄTTER
- 4 EL SCHOKOLADEN-HASELNUSS-CREME

1 Frische Beeren verlesen, waschen und trocken tupfen. Die Feigen waschen, trocken tupfen und in dünne Scheiben schneiden.

2 Für die Sauce Erdnussbutter mit Honig in einer Schüssel vermischen und mit wenig Wasser glatt rühren.

3 Eine flache Schüssel mit heißem Wasser füllen. Jeweils 1 Reispapierblatt hineinlegen und 30 bis 40 Sekunden leicht hin und her bewegen. Das Reispapier herausnehmen, etwas abtropfen lassen und auf ein feuchtes Holzbrett legen. Mit ½ EL Schokoladen-Haselnuss-Creme bestreichen und einige Beeren und Feigenscheiben mittig in einem schmalen Streifen darauf verteilen.

4 Die Blattseiten nach innen schlagen und das Reispapier von unten nach oben aufrollen. Auf diese Weise die übrigen Zutaten zu weiteren 7 Rollen verarbeiten. Die fruchtigen Sommerrollen mit der Erdnusssauce servieren.

ZUBEREITUNGSZEIT: CA. 20 MINUTEN

Milchreis-California-Rolls MIT ZWEIERLEI BEEREN

FÜR 4 ROLLEN À 6–8 STÜCK

200 G MILCHREIS
80 G BRAUNER ZUCKER
1 ZIMTSTANGE
½ L MILCH
200 G ERDBEEREN
200 G BROMBEEREN
3 STIELE MINZE
JE 2 EL SCHWARZE UND WEIẞE SESAMSAMEN

1 Den Reis mit Zucker, Zimtstange und 450 ml Milch in einem kleinen Topf zum Kochen bringen. Die Temperatur auf die kleinste Stufe stellen und den Reis 20 bis 25 Minuten quellen lassen, dabei hin und wieder umrühren. Die restliche Milch unter den fertig gequollenen Reis rühren und die Zimtstange wieder entfernen. Den Milchreis in ein flaches Gefäß umfüllen und mit einem feuchten Tuch bedeckt etwas ausdampfen lassen.

2 Die Erdbeeren waschen und putzen, die Brombeeren waschen und beide Sorten vorsichtig trocken tupfen. Die Minze waschen, trocken tupfen und die Blättchen abzupfen.

3 Eine Sushimatte mit Frischhaltefolie belegen und etwas Milchreis ungefähr in der Größe eines Noriblatts auf der Folie verstreichen. Ein Viertel der Beeren mittig in einem schmalen Streifen auf dem Reis verteilen, mithilfe der Sushimatte aufrollen und dabei langsam die Frischhaltefolie herausziehen.

4 Die Milchreis-California-Roll in Frischhaltefolie gewickelt kurz kühl stellen. Auf diese Weise alle übrigen Zutaten zu 3 weiteren Rollen verarbeiten. Die Rollen vor dem Servieren auswickeln, im Sesam wenden und in etwa 3 cm breite Stücke schneiden. Mit der Minze garniert servieren.

ZUBEREITUNGSZEIT: CA. 20 MINUTEN
QUELLZEIT: CA. 25 MINUTEN
KÜHLZEIT: CA. 10 MINUTEN

Schoko-Maki mit Mohnreis

1 Für den Mohnreis Reis mit Zucker, Zimtstange, Mohn und 450 ml Milch zum Kochen bringen. Dann Reis bei schwacher Hitze 20 bis 25 Minuten quellen lassen, dabei hin und wieder umrühren. Übrige Milch unterrühren, Zimtstange wieder entfernen. Mohnreis in ein flaches Gefäß umfüllen und mit einem feuchten Tuch bedeckt etwas ausdampfen lassen.

2 Für den Crêpe-Teig alle Zutaten mit den Quirlen des Handrührgeräts verrühren und den Teig zugedeckt 15 Minuten ziehen lassen. Der Teig sollte eine cremige, aber nicht zu dickflüssige Konsistenz haben.

3 Eine große, beschichtete Pfanne erhitzen und etwas Butter darin zerlassen. Eine Schöpfkelle Crêpe-Teig durch Schwenken gleichmäßig darin verteilen und die Crêpe 2 bis 3 Minuten backen, dabei einmal wenden. Auf diese Weise den Teig zu 4 Crêpes verarbeiten.

4 Für die Füllung Apfel, Birne und Heidelbeeren waschen. Apfel und Birne vierteln und in dünne Streifen schneiden, dabei die Kerngehäuse entfernen. Die Kiwi schälen und ebenfalls in Streifen schneiden. Die Crêpes jeweils auf Größe eines Noriblatts zurechtschneiden und auf eine Sushimatte legen. Ein Viertel des Mohnreises darauf verteilen, einige Obststreifen mittig in einem schmalen Streifen darauflegen und von unten nach oben eng aufrollen. Auf diese Weise insgesamt 4 Rollen herstellen.

5 Schokolade grob hacken und über dem heißen Wasserbad schmelzen. Schoko-Maki in etwa 3 cm breite Stücke schneiden, mit Schokolade beträufeln und mit Kakaopulver bestäubt servieren.

FÜR 4 ROLLEN À 6–8 STÜCK

FÜR DEN MOHNREIS:

200 G MILCHREIS
80 G BRAUNER ZUCKER
1 ZIMTSTANGE
2 EL BLAUMOHN
½ L MILCH

FÜR DEN CRÊPE-TEIG:

75 G MEHL
2 EL KAKAOPULVER
3 EL BRAUNER ZUCKER
¼ L MILCH
1 EI

FÜR DIE FÜLLUNG:

1 APFEL
1 BIRNE
100 G HEIDELBEEREN
1 KIWI

AUßERDEM:

BUTTER ZUM AUSBACKEN
50 G ZARTBITTERSCHOKOLADE (50 % KAKAOANTEIL)
KAKAOPULVER ZUM BESTÄUBEN

ZUBEREITUNGSZEIT: CA. 30 MINUTEN
QUELLZEIT: CA. 25 MINUTEN

REGISTER

Kaiserstraße 14 b, D-80801 München

ISBN 978-3-89883-876-4
1. Auflage 2019

Projektleitung: Eva-Maria Hege
Rezepte: Lukas Grossmann
Lektorat: Katinka Holupirek
Grafische Gestaltung: Barbara Dezasse (www.derguenther.de), Irene Schulz
Satz: Irene Schulz
Fotografie: Maria Grossmann & Monika Schuerle
Foodstyling: Lukas Grossmann
Herstellung: Frank Jansen
Producing: Jan Russok
Druck & Bindung: Lanapro, I-Lana

Im Buch enthaltene Fotos können zur eigenen Nutzung erworben werden unter www.stockfood.com

Die ZS Verlag GmbH ist ein Unternehmen der Edel AG, Hamburg.
www.zsverlag.de | www.facebook.com/zsverlag